Von der Kaulquappe zum Frosch

Eine Geschichte von Sabine Choinski
und Gabriela Krümmel
mit Bildern von Susanne Laschütza

An einem warmen Tag im Frühling hat die Froschmutter Tausende von kleinen Eiern an einer Wasserpflanze im Teich abgelegt.
Die Froscheier werden von einer schleimigen Masse zusammengehalten. Diesen Klumpen aus Eiern nennt man Laich.

Das Froschei sieht aus wie eine durchsichtige Kugel. Aus dem schwarzen Punkt in der Mitte wird einmal ein kleiner Frosch.
Jeden Tag wird der Punkt größer. Bald sieht er aus wie ein Kopf mit einem kleinen Schwänzchen. Nach etwa zehn Tagen ist es so weit: Die Kaulquappe schlüpft aus ihrem Ei.

In den ersten Tagen saugt sich die kleine Kaulquappe an Wasserpflanzen fest. Dabei atmet sie wie ein Fisch durch Kiemen. Das sind kleine Öffnungen in der Haut, mit denen der Sauerstoff aus dem Wasser aufgenommen wird.
Nach vier Tagen schwimmt die Kaulquappe mit ihren Geschwistern schon im Teich herum. Dazu bewegt sie ihr langes Schwänzchen hin und her. Nahrung muss sie sich jetzt selbst suchen. Winzige Wassertierchen und Wasserpflanzen mögen Kaulquappen besonders gern.

Täglich wird die junge Kaulquappe ein bisschen größer und immer flinker. Das ist wichtig, denn sie muss sich in Acht nehmen, dass sie nicht von Wasserkäfern, Libellenlarven, Molchen oder anderen Tieren gefressen wird. Unter großen Wasserpflanzen versteckt sie sich vor ihren Feinden.

Nach etwa sechs Wochen verändert sich das Aussehen der Kaulquappe. Sie wird immer länger. Langsam wachsen ihr Hinterbeine mit fünf Zehen und Schwimmhäuten dazwischen. Auch vorne wachsen kleine Beinchen. Nur der Schwanz wächst nicht mehr – er wird sogar kürzer! Die Augen und das Maul haben schon die gleiche Form wie bei ausgewachsenen Fröschen. Nach und nach verschwinden die Kiemen. Es wächst Haut darüber und es entwickelt sich eine Lunge. Schon bald wird die Kaulquappe ein kleiner Frosch sein, der an der Wasseroberfläche atmet.

Ein großer grauer Vogel steht am Teichrand: Der Reiher beobachtet den kleinen Frosch. Plötzlich schnappt er mit seinem langen spitzen Schnabel nach ihm. Schnell schlüpft der kleine Frosch unter eine Wasserpflanze. Das ist gerade noch mal gut gegangen!

Nr. 24 Unter Wasser — Die Mitmach-Zeitschrift der Lesemaus

MAUS ZEIT

CARLSEN
www.carlsen.de

RÄTSELN • MALEN • BASTELN • LESEN

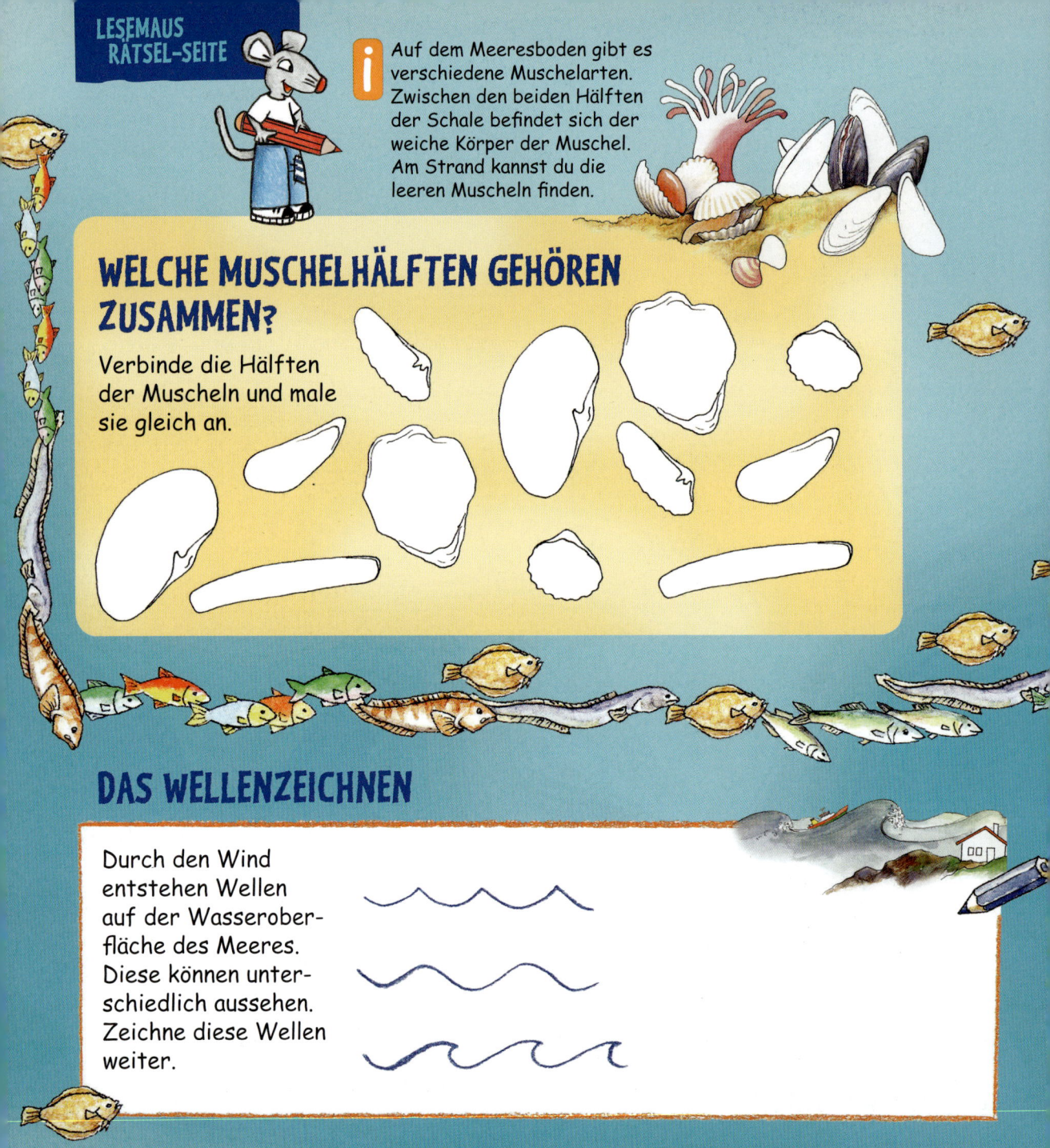

RÄTSEL + CARTOON

Fische können durch ihre Kiemen unter Wasser atmen. Mit Hilfe ihrer Flossen bewegen sie sich durchs Wasser.

Noch viel mehr Rätsel, Ausmalbilder und Basteltipps sowie Rezepte findest du unter
www.lesemaus.de

DIE FUSSSPUREN-SUCHE

Maria und Ben verbringen einen Tag am Meer. Auf der Suche nach einem schönen Plätzchen haben sie Fußspuren im Sand hinterlassen. Wem gehören welche Fußspuren?

DER SCHWIMMPROFI

Wie viele Fische, die so aussehen, kannst du auf diesen beiden Seiten entdecken?

Das ist mein Seepferdchen!

BASTLE EINE KRAKE

Dafür brauchst du Tonpapier in zwei verschiedenen Farben, Klebstoff, einen schwarzen Stift und eine Schere.

1. Zuerst bastelst du ein paar „Hexentreppen": Schneide mit Hilfe deiner Eltern mehrere Streifen in etwa 30 cm Länge und 1 cm Breite aus und klebe jeweils zwei in unterschiedlichen Farben zusammen.

2. Nun faltest du die Streifen abwechselnd übereinander.

   hier kleben

3. Als nächstes schneidest du zwei gleich große Teile für den Krakenkopf aus. Er sollte etwa 9 cm breit und 8 cm lang sein.

4. Unten an das eine Kopfteil klebst du nun die Beine an. Darüber klebst du das andere Kopfteil.

5. Zum Schluss zeichnest du der Krake Augen in das Gesicht.

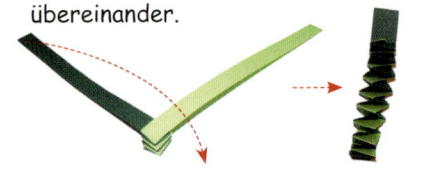
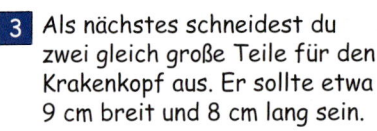

DEIN LESEMAUS-WUNSCHZETTEL

RÄTSELLÖSUNGEN:

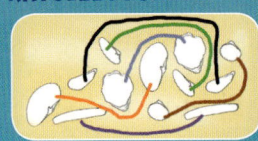

 Es sind 10 Fische.

 **Band 1** Ich hab einen Freund, der ist Kapitän
○ Wünsche ich mir

 **Band 83** Immo, der kleine Seehund
○ Wünsche ich mir

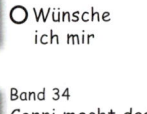 **Band 34** Conni macht das Seepferdchen
○ Wünsche ich mir

 **Band 99** Nanuk, der junge Eisbär
○ Wünsche ich mir

© 2012, CARLSEN Verlag GmbH, Hamburg
Redaktion: M. Grabow, F. Seegraef I Gestaltung: T. Petry, Hamburg I Lithografie: Buss & Gatermann, Hamburg I Illustration der Lesemaus: H. Müller, T. Petry, D. Tust
Illustrationen: C. Henkel, A. Möller, T. Petry

Inzwischen ist es Sommer geworden. Der Schwanz des kleinen Froschs ist kaum noch zu sehen. Seine Hinterbeine sind kräftig geworden. Jeden Tag springt er an Land und übt das Hüpfen.

Der kleine Frosch kann jetzt außerhalb des Wassers atmen. Auf flachen Steinen am Rand des Teiches ruht er sich in der Sonne aus. Doch nach kurzer Zeit springt er wieder ins Wasser. Seine Haut darf nicht austrocknen.

Die Sommersonne scheint warm auf den Teich. Aus dem kleinen schwarzen Punkt ist ein richtiger Frosch geworden. Sein Schwanz ist nicht mehr zu sehen. Dafür ist etwas in seinem Mund gewachsen: eine lange, klebrige Zunge. Der Frosch geht jetzt immer öfter an Land. Überall gibt es leckere Fliegen, Grashüpfer, Spinnen, Käfer und andere Insekten zu fangen. Gut verborgen sitzt der Frosch im Gras. Sobald sich etwas bewegt, setzt er zum Sprung an und rollt blitzschnell seine Zunge aus. Meistens bleibt eine kleine Fliege daran kleben.

Der Herbst kommt. Damit der kleine Frosch den langen Winter überstehen kann, muss er nun besonders viel fressen.
Es wird kälter. Der Frosch passt seine Körpertemperatur an die Außentemperatur an. Auf dem Teichgrund sucht er sich ein gemütliches Plätzchen im Schlamm. Hier schläft er fast den ganzen Winter über. Während dieser Zeit atmet er durch seine Haut und träumt vom Frühling.

Nach zwei Jahren ist der kleine Frosch erwachsen und seine Stimme ist ganz kräftig geworden. Morgens und abends geben er und die anderen Froschmännchen ein Konzert am Teich. Mit den beiden Schallblasen an seinem Kopf quakt der kleine Frosch, so laut er kann. Quak – quak – quak! Ob ihn wohl ein Froschweibchen hört?

Der Frosch hat mit seinem Quaken ein Weibchen angelockt, das ihm gut gefällt. Mit ihr will er Frosch-Hochzeit halten. Nach der Paarung wird das Froschweibchen viele Eier ablegen. Und dann … fängt alles wieder von vorne an!

Wissenswertes über Frösche

Frösche sind Amphibien. Sie wachsen im Wasser auf und leben später an Land. Als junge Tiere sehen sie völlig anders aus als ihre Eltern. Im Wasser machen sie eine Verwandlung durch. Die Verwandlung von der Kaulquappe in einen Jungfrosch dauert etwa drei bis vier Monate. Seine volle Größe erreicht der Frosch erst im 5. Jahr. Dann ist er ungefähr 5 cm groß.

Die Frösche brauchen uns nicht …
Frösche haben immer weniger Platz zum Leben. Die Umweltverschmutzung und das sich verändernde Wetter machen ihnen zu schaffen.

… aber wir brauchen die Frösche!
Frösche sorgen dafür, dass in der Natur alles in Ordnung bleibt. Sie fressen Insekten und dienen damit auch der Landwirtschaft.

Was kannst du tun?
In den letzten Jahren sind Frösche, Kröten und Salamander immer seltener geworden. Sie brauchen sogenannte Feuchtbiotope. Das kann ein kleiner Gartenteich sein. Außerdem kannst du mit dem Bau von Krötenzäunen den Fröschen helfen, ihre gefährlichen Wanderungen zu überstehen.